Rakkaus on kuin tulen hehku

Rakkaus on kuin tulen hehku

Paavo Räisänen

”Rakkaus on väkevä kuin kuolema. Sen hehku on kuin tulen hehku”

Salomon Korkea Veisu

Olen julkaissut aiemmin BoD:in kustantamana useita kirjoja.
Kirjailija sivuni: www.kirja-lakka.com

Kustantaja: BoD · Books on Demand,
Mannerheimintie 12 B, 00100 Helsinki, bod@bod.fi
Kirjapaino: Libri Plureos GmbH,
Friedensallee 273, 22763 Hampuri, Saksa
ISBN: 978-952-80-9431-9

1

Hän on kaunis kuin auringonnousu

Sharonin lilja ja kaunistus yrttitarhassa

hänen äänensä on kevätlintujen laulu

sorjat hänen askeleensa

kuin peuran varsan

kun se astelee lehvistössä

hänen silmänsä mustat kekäleet

kuin hiili alttarilta

porton kieli on makea

opettaa Jesus Sirak

mutta hänen kielensä on makea kuin metsähunaja

kuin satakielen laulu hänen äänensä

tukkansa sametin pehmeä

joka loistaa tähtien valossa

sillä yöllä hän nukkuu

tähdet turvaavat hänen unensa

tähdet

jotka syttyivät jälleen taivaalle

hänen huulensa ovat uhriveren punaiset

sillä niiden vääriä sanoja on pesty Jeesuksen verellä

vaelluksen jalat

pölyiset

ovat saaneet uudet askeleet

Liha syntinen

verenpunaiset sen himon viat

uhriverellä pestyt

heikkoudet

lankeemukset

osa raskas on maallista majaa kantaa

minä syntinen ihminen

kuoleman oma

ei liha peri taivasta

osa autuas on uskovaisen

sillä Kristus sovitti syntimme

ja Hänessä on voitto kuolemassa.

Synti joka sovitettiin ristillä

koko maailman syntivelka

Hän kantoi ristille kirouksen

synnin palkan

tuomion helvetin tulessa

miksi teit sen Jeesus

koska rakkautesi oli suuri

näit siellä minut

mahdottoman pelastua

teit mahdottomasta mahdollisen

Hän on metsävuohen kaltainen

sillä Karitsan verellä

hän on valkaissut vaatteensa

sama uhriveri

minunkin pelastukseni

2

alttari

sillä hiili

uhrikaritsa

veren priiskoitus

he kolme

ylimmäistä

aina vartiossa

Jumalan ylienkelit

liha alttarilla

savu

himo

veren priiskoitus

sillä veressä on himo

uhriveri

sovittaa sen lankeamukset

Uusi virsi soi istuimen edessä

morsian on saanut kruununsa

valkeat hohtavat vaatteet

Kristuksen kaltainen ruumis

kunnian kruunun

saa voittaja

kaunis on morsian

kun hän juhlapuvussaan

nousee hää aamuna

hän on valkaissut pukunsa Karitsan verellä

uhriveri on pessyt synneistä

autuas

on osa sen

joka tiensä Herralle rakentaa

mustat kekäleet ovat hänen silmänsä

hiili alttarilta

ja sen salaisuus

niin

hän ei koskaan

saa tietää kaikkea

alttari

kolme ylintä

uhrikaritsa

liha

priiskoittuva veri

3

pyhä savu

kirkkaus

miksi hän ei kestä katsoa

armoa

Jesaja ja hänen silmänsä

näkivät sen

Morsian

hän on Yljälle kaunistettu

Kristus on hänen Ylkänsä

sovintoveri valmistaa puvun

joka kelpaa tuomiolla

ei ole enää turmelusta

ei synnin vaivaa

pois on kyynel ahdistuksen

jonka synnin maa tuotti

on ilo ikuinen

Savimaja

jota kannamme

syntinen lihamme

maa vaatii kerran omansa

liha peitetään sen alle

maatuu

kirkastettu ruumis nousee kerran

kun ylimmäisen enkelin pasuuna soi

Kristus saapuu enkeleineen

autuus

osa uskovaisen

voi sitä

joka synnin lapsena

silmänsä sulki

Hetken kiitää aika

on aika rajallinen

loppuu aika maailman

Sana otetaan pois

kaikki on Sanan varassa

maan perustuksetkin

Sana

jolla kaikki luotiin Kristuksessa

elämä

lohikäärme avasi kitansa

yritti syödä pojan

äiti varjeli poikaa

maailma

paha

ei sen riennoista

rauhaa löydy

tie on se

vaivan ikuisen

kuinka syntinen olikaan sulhanen

maan musta morsian

hän tunsi olevansa

silti Yljälle kihlattu hänkin

odotti taivaisia hääjuhlia

juhlapukua

jossa ei enää ollut synnin tahraa

kerran

hän tiesi

voittaja kruunataan

kunnian kruunulla

istuin odottaa voittajaa

sen Jeesus lupasi

miksi kuljet pää painuksissa

koska synti ahdistaa

mutta perillähän odottaa kunnia

odotan

4

ensimmäiset häät

Aadam ja Eeva

Jumalan katseen alla

Paratiisissa.

Jumala vihki heidät

he eivät jaksaneet uskoa

tuli enkeli

siunasi heidät

Mooses ja Sippora

Mooses.mies.

Sippora

kekäle

kaunis liitto

he rakastivat toisiaan

Jumala vihki heidät

pappi siunasi

Aadam vihki poikansa

mistä morsian

maan päällä oli muita ihmisiä

jostain käveli mies kiiltävissä vaatteissa

siunasi

enkeli

Aabraham ja Saara

ei Saara ollut Aabrahamin sisar

he olivat mies ja vaimo

rakkaus oli heidän välillään

oli aika ennen pappeja

isä vihki poikansa tai tyttärensä

ihminen ei jaksanut uskoa

Jumala antoi papin

www.ingramcontent.com/pod-product-compliance
Ingram Content Group UK Ltd.
Pitfield, Milton Keynes, MK11 3LW, UK
UKHW021348160826
14477UKWH00024B/551

9 789528 094319